OVERVIEW OF CONTENT

内容总览

八大经典现金流模型

借金
- 借贷模式
- 绑定银行

生金
- 钱生钱
- 找到支点

押金
- 押金模式
- 会员引流

筹金
- 众筹模式
- 痛点打击

吸金
- 吸金工具
- 设计诱饵

融金
- 融资模式
- 杠杆借力

招金
- 招商模式
- 合伙设计

管金
- 资本运作
- 价值放大

一次性彻底解决老板现金流问题

THOROUGHLY SOLVE THE BOSS'S CASH FLOW PROBLEM IN ONE GO

一、吸金工具

兵马未动，粮草先行，现金流是企业的生命流。老板缺的不是钱，缺的是吸钱工具。掌握最强大的吸金工具，保持持续的现金流，让老板永远不缺钱。

——王冲

案例一 摩拜单车本质是一款超级吸金工具

共享单车女王胡玮炜用148万元创建摩拜，3年套现15亿元，36岁功成身退！从中老板们能够看到，摩拜公司已不再是一家单纯的公司，而是一家银行；摩拜单车也不仅仅是一辆单车，而是一款超级吸金工具！

胡玮炜，作为一个毫无背景，月薪也刚过万元的默默无闻的北漂媒体人，缘何她能在短短3年就狂赚15亿元？

2014年，胡玮炜用工作攒下的13万元积蓄成立了自己的公司——极客汽车新媒体，专做汽车类的新闻资讯。从2004年到2014年，十年的记者生涯，她唯一的收获便是结识了不少汽车界的大佬。成立这家汽车+媒体的公司就是为了让自己所结识的大佬们有个喝酒聊天的地方，同时也是为自己的公司增加一些独特的新闻资讯的内容。每个周末，胡玮炜都会在公司举行一些汽车界的聚会，邀请的都是汽车界的爱好者、工程师、投资人等，大家聚在一起，探讨汽车的未来发展。

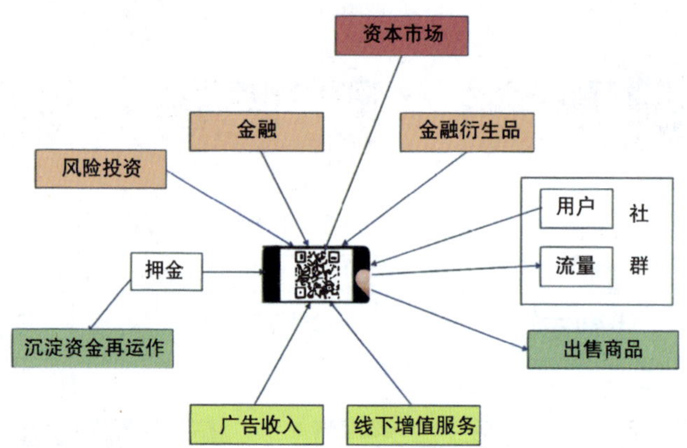

事实上，胡玮炜举办的聚会确实也吸引了不少大佬前来参加，而令她没想到的是，她也在这里遇到了事业上最关键的一人天使投资人——李斌！

李斌是蔚来汽车的创始人，易车创始人，可以说他就是汽车界的马云，或者也可以称他是汽车界的马化腾也不为过，一位足可以在汽车界呼风唤雨的人物！在一次聚会上，一位清华毕业的年轻汽车设计师对李斌说，他想要做智能单车，希望李斌能为他投资，可惜李斌并不看好他的想法。李斌劝年轻的小伙子说，做智能单车，还不如做共享单车。李斌的话小伙子没听进去，却引起了坐在一旁的胡玮炜的兴趣，于是二人进行了畅谈……

2015年1月，胡玮炜带着李斌首轮投资的148万元，正式成立了自己的“摩拜科技有限公司”！这一年，她32岁。经过半年的反复设计研发，终于迎来了第一辆摩拜单车的诞生。单车虽然有了，但是胡玮炜却喜忧参半，原因主要是缘于单车的成本。按照胡炜炜的要求做出的单车，每辆成本高达2000元，这个价格远远超出了胡玮炜原本预期的每辆600元的单价！

生死存亡之际，胡玮炜请求大佬李斌能够伸出援手。很快，李斌凭借着自己的地位便为她拉来了愉悦资本300万美元的A轮投资！拿到投资后的摩拜又活了。2016年4月，摩拜正式在上海、北京投放。“切实解决最后一公里的痛点，低碳环保的概念”——这使得摩拜火得一塌糊涂！

随着第一批摩拜单车的成功投放，意味着打响了完美的第一枪，接下来就是多方面调研，降低成本，最终，每辆单车成本控制在了 200 元以内。单车成本下来以后，胡玮炜趁热打铁，迅速占领市场，仅半年时间，摩拜单车的身影便出现在了全国 100 多个城市！

养成吸金体质

这个世界充满了不确定性，你永远不知道意外和明天哪一个先来。“手里有粮，心里不慌”。有钱才是成年人最大的体面，想要狠狠搞钱，就要先养成吸金体质。

相信大家都记得，那时的共享单车需要缴纳 299 元的押金才可以使用。这样一来，不仅资金快速回笼，而且已经开始盈利。从投放到盈利，胡玮炜仅用了一年半时间。299 元的押金也为摩拜赢得了迅速强大的资本，当投资人看到收押金这一操作后，十分看好摩拜这家公司，认为这简直不是一家公司，简直就是一家银行呀！随后仅仅两年时间，摩拜就先后获得了几十轮的融资，公司估值达百亿元，以此创造了近年来几乎无人超越的神话！

无论小黄车或小蓝车从金融的本质来讲，都是一款吸金工具，它就是在建立资金池之上，这个资金池相当于一家银行。你看每一辆单车使用时先要扫描，如果是第一次扫描，需要你交押金——299 元，相对来说很便宜。交了以后每次使用时的费用大概为 5 角或者 1 元钱，最关键的问题就在于，一辆单车可以同时接受多个人的押金。可能一辆单车至少有几十个人交过押金，因为你只要停在那，下一个人要扫的时候，它直接就把押金交进去，所以一辆单车可能生产的价格夸张点说 5000 元。那么，如果有 30 个人给它交压金就收入了将近 9000 元，这远远大于它的生产成本和维护成本，资金池已经把它原来的所有的成本全部收回。

老板们不能只看表象，共享单车不只是共享单车，汉堡也不只是汉堡，茶叶也不只是茶叶，保健品也不只是保健品，都是超级吸金工具；老板也要打造自己的吸金工具，有了吸金工具，您还会缺现金流？

同时老板自己就是一个闪闪发光的“吸金体”——把自己变成超级“吸金工具”。老板的形象魅力、行业领袖地位、领导力、演讲力、谈判沟通力、决断力、隐忍力都是老板“吸金体”的一部分，都是可以变现的。诸如雷军、周鸿祎等通过个人品牌的成功塑造，为企业带来了巨大的流量和影响力。它就像一块金子，埋藏在地下，没有多少人知道它的价值，但只要你把它打造成闪耀的饰品，它就能吸引无数人的目光，从而创造出巨大的商业价值！

案例二 玩赚会员卡玩转吸金工具

在重庆有一家火锅店搞了一次活动：只要在他们店办理超级会员卡，就可以免费吃 1 年火锅！这个超级会员卡要多少钱呢？1 万元！也就是你办理了会员卡天天来吃都行，但只有一个要求，就是每次消费不可以超过 400 元。

每次 400 元，1 年吃 25 次火锅就是 1 万元。要知道重庆人是非常喜欢吃火锅的，每年肯定不只吃 25 次，对于一些公司来说，公司聚餐选择吃一顿还是很划算的，但是对于个人来说，就有一定的门槛了，毕竟 1 万元也不是小数。

那么，这背后是一个怎样的策略呢？

事实上 1 万元一年不限次数不限人数绝对是亏的，所以，老板的账是这样算的：因为需要本人到场，办卡的第一周可能你吃个三四次。但是随着时间的推移，次数会减少。所以，就按你一年吃 100

次，也就是3天左右吃一次，这个数值可以了吧，不多不少。

所以，就算你一年吃掉5万元的火锅，按照利润50%来算，也就是2.5万元的成本，减去1万元，亏掉1.5万元。

最后可能亏差不多一万元，为什么呢？因为400元的火锅你每次都是一个人吃，你觉得有意思吗？所以，如果消费超过400块，是要付费的。另外，你带朋友去吃了，这些朋友下次是不是有可能会带另外的朋友去消费？

当然，这有个大前提是你的火锅口味不错，所以，如果持卡人带的朋友又带其他朋友或者家人过来消费。所以，这其实就是一种口碑宣传。最后，把这些综合起来，可能会平本，也可能会亏本。

但是，店家达到了一个口碑宣传的目的。这种策略想赚钱有点难，其难点就在于一定要有名额限制，多了亏不起，亏了就算做广告了，因此这种套路不要轻易实践。如果你无法锁定客户在你这里重复消费，那么你的生意就会越做越累，会做生意的人，会尽量把客户锁定在他这里重复消费，锁定的时间越长，赚得越多。

所以，如果你的条件允许，就要维护好老顾客，做好口碑营销。

▶ 注：这种模式适合的行业：金融、互联网、餐饮、美容美发、水果店、商超等快速消费型行业。

二、钱生钱

没资本的穷人如何实现钱生钱？以管钱为中心，攒钱为起点，生钱为重点，护钱为保障。

——王冲

案例 25岁小伙用钱生钱实现资产跳跃

有一个叫文豪的90后，用亲身经历告诉我们：钱生钱的超级魅力！

别人15岁时，安逸享受着父母的庇护，而文豪则背上行囊，开始了一个人的美国生活。很快，他适应了国外的学习和生活节奏，高中结束他以美国高考前2%的成绩考入全美商科第一的纽约大学商学院，主修金融和会计。

别人18岁时，上课、打游戏，平庸度过4年，文豪则省下生活费、打工赚钱，早早开始用这些钱做投资。大二那年，他拿出10万美元投入股市，短短3年时间，账户最高时涨到120万美元，回报率达到500%，个人资产达到100万美元。

别人21岁时，迷茫、啃老、月光，文豪则凭借过硬的专业知识和实践经历，加入了世界富豪榜久负盛名的控制整个欧洲经济命脉的罗斯柴尔德家族，担任投行分析师。

作为一名华尔街投行分析师，文豪不仅收获了大量的商场实战经验，对投资理财形成了更加体系和专业的认知，也积累了更多的个人财富：在投行工作两年，他通过工作和投资理财，早早实现了个人资产200万美元的积累。

但两年后，他做出了让身边所有人

都惊讶的决定：他带着这些财富选择辞职，回国创业。

常有人称文豪是“人生赢家”。

文豪却觉得，所谓的人生赢家，不过只是比普通人会理财而已。

“有80%的人低估了自己的财富”，文豪说。投资理财和人生选择一样，敢于不断挑战，适当学会“贪婪”，才能用有限的金钱快速实现资产跳跃。

在投资理财方面，文豪以眼光独到见长。

对于投资理财他会充分考虑优先级：购入房产，首选城市、再选地段。

2012年，他花150万元买入深圳46平米小户型，目前市值850万元。

认准风口，迅速抓住：买股票，坚持不炒短线，长线持有，价值投资。

2013年买入腾讯，买入4年涨幅760%

2015年买入茅台，买入2年时间涨幅230%

2017年买入比特币，买入10个月涨幅350%

……

福布斯中国“30位30岁以下精英”榜单发布会在深圳举办。25岁的文豪凭借估值数千万元公司CEO的身份，和刘亦菲、傅园慧等一同组成了榜单中来自10个不同领域的上榜精英团体。

▶注：这种模式适合的行业：金融、投资、理财行业和领域。

三、借鸡生蛋

借鸡生蛋，睡他人的床圆自己的梦。用自己的钱做自己的生意是消费思维；用别人钱做自己的生意是资本思维。

——王冲

案例一 花别人的钱做自己的事，32万元开150万元的客栈

有个老板陈总空手套白狼，只花了32万元，就开了一家投资150万元的客栈，且永远不愁没有生意。客栈的名字叫“九五至尊”，风格很复古，设计很考究，老板花费了6个月的时间建成。

为了验证能不能做到空手套白狼，花别人的钱做自己的事，陈总做了一套融资方案。方案是这样的：在全城招募50个创业股东，每人交纳2万元即可成为客栈创业股东。陈总自信满满，感觉应该很容易就能找到这50个股东。毕竟自己在当地经营的几家企业也都发展得不错，大家有目共睹，自己也算当地的一个知名人物。

陈总不方便自己去招募股东，于是组建了一支团队，让团队负责招募股东的事情，结果前6天找到了16个股东。但在随后的几天里，怎么都找不到第17个股东了。这时，团队负责人就给陈总打电话说，老板我们遭遇瓶颈了，第17个股东怎么也找不到。陈总回去看了看名单，已经发展的16个股东个个都是自己的铁哥们。负责招募股东的经理说，这些人都是看在您的面上，不好意思拒绝咱们。陈总一想这不行，自己牛都吹出去了，现在叫停也不合适，看来还得需自己亲自上阵才行。于是，陈总重新调整了融资方案。

新融资方案是这样的：第一，把2万元的创业股，改成1万元的消费分红股。只改动了两个字，性质就完全不一样了，在人们的潜意识中，人们喜欢分红大于喜欢创业，而且消费分红股在分配上也很简单，人们就更愿意去了解一下。第二，股东享受多项特权。第三，享受纯利润分红。下面我们来解析一下这个新的融资方案。

第一条，投资1万元成为客栈消费分红股东。1万元可以当1.5万元消费，相当于给投资人打了7.5折，再送投资人1万元的消费卡，综合起来等于2.5万元。送的1万元消费卡分拆成10张副卡，每张副卡面值

1000元，也就是说投资人是主卡，送的这10张副卡用于送给自己身边需要的朋友，且每张副卡只能绑定一个手机号一个身份证号。当然，副卡一定要送给有消费能力的客人，因为以后这涉及到个人业绩分红。100个股东每人送10张就是1000张。这时，客栈还没有开业，就有了1100个客人，客栈有28个房间，1100个客人用28个房间，您觉得接下来陈总还会为缺客人而发愁吗？接下来就是送出去的1000元副卡怎么消费？消费的方式是抵用每次消费金额的20%使用。

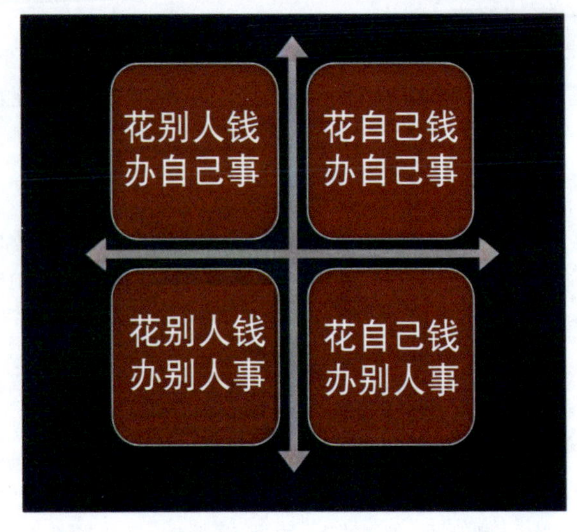

举例来说，如果我是股东，我在陈总这投资了1万元，我本人有1.5万元钱的消费金额，还有10张副卡，这10张副卡每张面值1000元，我可以送给身边10个有需求的朋友，他们拿着这张1000元面值的卡过来消费，如果当次消费是1000元，从副卡里可以刷200元，自掏腰包800元钱，相当于打了一个8折。这时我可以拿到我朋友实际消费金额800元的10%提成，也就是80元。所以，我投了1万元，我不光能自己消费15000元，还获得了一次赚钱的机会，年底根据业绩的比例分得相应的分红。而且解决了我自己去拓客的问题，我只需把副卡送出去即可躺赚。所以商业模式最牛的地方就是激活老客户，深挖老客户背后的资源。

第二条，成为股东享有的特权：持股东卡在附近的三家KTV消费时，啤酒免费喝，不限时，不限量；持股东卡在附近烤鱼店消费时，原价109元的烤鱼只要9.9元；持股东卡在附近的洗车行洗车，原价40元现在只要10元就可以；这样的消费特权，一共有170多项，如果你有这张股东特权卡，请问即使卡上的钱花完了，你会把它丢掉吗？我相信谁都不会丢掉。那么，陈总从哪找来的这些股东特权？是通过建平台、玩圈层，用平台圈层服务股东的方式实现的。只靠他自己是不行的，事实上都是100个股东带来的资源。这就是为什么要找100个消费股东的原因了——相互引流，相互提供赚钱的机会。你如果不是陈总的消费股东，想提供资源，对不起陈总不要。也就是你只有成为客栈的消费股东，你的产品才有资格流通到客栈的100个股东圈里，1000个客户圈里。其实就是花了1万元钱入股，相当于买了一张门票，既能享受股东特权，还可以赚钱，还获得了1000多个精准客户。例如陈总把这1000名精准客户引流到你的店里，你是做烤鱼的，109元的烤鱼持股东卡9.9元就可以吃，假如你的烤鱼店搞个活动，充值1000元送你10条鱼，再送你100瓶啤酒，给你送去了50个人充卡30张就是3万元，就算只有30%的利润也净赚9000元。

以前陈总的融资模式很难找到股东，原因是大家只想利自己，大家都有防备心，有所顾忌。但是现在完全奉行利他思维，把自己的合作伙伴放在了最安全的位置上，把客栈经营成了一个小型的资源共享平台，这虽然比不了阿里腾讯那么大的平台，但也是一个平台的雏形。所以未来要么建立一个平台，要么加入一个平台。

第三条，运用生态思维，通过增加盈利点，实现了享受纯利润分红。事实上，陈总的后期盈利，简直让人目瞪口呆。其一是包房冠名权。平时大家所见的包房大多都是666或者888等吉祥数字，但在陈总这里谁出冠名费，房号就用谁的企业名字，包房一年的冠名权1万元，这1万元可以当消费用。大家都是做企业的，平时都需要应酬，在自己冠名的包房宴请、唱歌，开机画面、关机画面、墙上的宣传画都是自己公司的广告，晚上住宿还是在自己冠名的房间入住，到处都是自己公司的广告，如果你是客户会怎么想？这个企业真有实力。二是客栈的所有东西都可以带走。例如，客栈的餐具器皿、桌椅板凳、床上用品、电视空调、饰品小摆件。只要你看上了都可以扫码购买，而且价格要比网上更便宜，如此一个月光空调就卖了80多台。这个客栈，因为属于厂房改造，也是茅草屋的风格，相对比较便宜，总投资150万元，收股东100万元，收冠名费28万元，共计收了128万元，陈总拿了32万元。关键是提前锁定了1000个客户，一开业就火爆异常。

陈总正是通过运用上述商业模式，把生意做得行云流水，像呼吸一样简单。陈总意味深长地说：现在我可以在客栈里一边喝茶赏花望月，也不耽误赚钱，完全实现了时间自由老板解放！

案例二 借鸡生蛋，不花一分钱赚到100万

有一个青年，因为父亲偏心将80万元遗产都给了大哥，他暗暗发誓："一定要用自己的智慧挣到更多的财产！"后来，他靠自己想出的3个方法，成功赚到了100万元。

这是一个真实的故事，青年名叫张华，他的父亲在当地做丝绸生意，大哥常年跟在父亲身旁学习经商之道。

后来，父亲生了一场重病，生命垂危，在这危机关头，张华因为忙于学业不能赶回去看父亲最后一眼。父亲便直接把自己的80万元财产都留给了大哥。

张华听到这个消息后，他决心要凭借自己的能力，赚到比这80万元还要多的财产！

可虽说自己有决心，但手头上既没有资金，也没有人脉，拿什么赚钱呢？

就在张华为此事愁闷之际，突然灵光一闪，他想起了父亲当年靠"借鸡生蛋"的经营思维，成功赚到第一桶金。

于是，张华决定也采用这个方法。他来到一家专门做手提袋的工厂，跟工厂老板说："我要在你这定制10万个手提袋，你给个合理的价格。"

老板听完兴高采烈地说："我们给别人定制都是12元一个，但您要一次性订10万个的话，那我给您9元"。

张华听后一脸不高兴，开门见山地说："我订20万个手提袋，5元一个，如何？"

老板见他订单量这么大，不想放弃这次合作，便咬牙答应了，随后又问："定金什么时候给？"

张华二话没说，直接把自己的合同拿出来，跟老板表明只交付全款，不给定金，并且全款会在7天后到位。

老板见张华如此大气，便同意了这个要求。

手提袋搞定后，张华又找到5家蛋糕店，跟他们说可以在自己定制的手提袋上做广告，一个手提袋只需5元费用。

5家蛋糕店老板听完他的宣传方案后，纷纷觉得创意不错，并且价格也能接受，于是5人各付了20万元。

钱拿到后，张华回到工厂，跟老板一手交钱一手拿货。

完成上述这些步骤后，张华又来到商场，跟商场负责人说可以帮他们做促销活动，只要顾客消费满一百送一个手提袋；满三百送三个；满一千送15个，而商场只需按一个五元收购。

商场负责人听后也很高兴，他甚至握住张华的手说："您可真是我的救星！这次促销活动我可算是稳赚不赔啊！"

就这样，张华利用20万个手提袋成功赚到了100万元。

在本故事中，张华巧妙利用资源，实现了低成本高回报的创业梦想。这种生意模式，我们形象地称之为"借鸡生蛋"。

一、借鸡生蛋的生意理念

借鸡生蛋，顾名思义，是指通过借用他人的资源、

技术或平台，来实现自己的商业目标。这种生意模式的核心在于巧妙地整合现有资源，降低初始投入成本，同时最大化利用外部资源来创造价值。

二、创业机会与好处

1. 低成本启动：借鸡生蛋的生意模式使得创业者可以在有限的资金条件下快速启动项目，从而减少了前期的投入压力。

2. 快速扩张：通过借用外部资源，创业者可以迅速扩大业务规模，快速占领市场。

3. 灵活多变：这种模式使得创业者能够根据市场需求的变化及时调整策略，保持企业的灵活性。

4. 风险共担：与外部合作伙伴共同承担风险，降低了单一创业者所面临的风险压力。

三、如何实施借鸡生蛋的生意模式

1. 明确目标：首先，创业者需要明确自己的商业目标，确定需要借用的资源类型。

2. 寻找合作伙伴：积极寻找具备相关资源的合作伙伴，建立良好的合作关系。

3. 制定合作计划：与合作伙伴共同制定详细的合作计划，明确双方的权利与义务。

4. 执行并监控：按照计划执行，同时密切关注市场反馈，及时调整合作策略。

借鸡生蛋的生意模式为创业者提供了一个低成本、高回报的创业路径。通过巧妙地整合外部资源，创业者可以迅速占领市场，实现商业成功。未来，随着科技的不断进步和市场的日益开放，借鸡生蛋的生意模式将会拥有更加广阔的发展空间。

▶ **注：这种模式适合的行业：零售、连锁、制造行业、金融众多行业等。**

四、超级变现

一切不赚钱的商业模式都是耍流氓，寻找快速变现，永不枯竭的现金流，这才是投资的意义！

——王冲

案例　AI成“财富密码”！1年造富超3万亿元

1. 下一个财富密码来了。

2. 普通人也能抓住的商机。

3. 具体操作方法在这里。

如今世界上最赚钱的东西是什么——AI。在过去的一年时间里，AI 让全球十大富豪身价暴涨了 3.6 万亿元，换成百元大钞，可以堆出 400 多座珠峰。

前一段时间发布的 2024 全球富豪榜上，全球前十大富豪里面有 7 个都梭哈 AI，无一例外实现了身价的飙升，而英伟达的黄仁勋也凭借 AI 芯片成为新晋华人首富，身价达到了 5557 亿美元，一年怒涨了 2300 多亿美元。

当下风头最劲公司是 OpenAI。据 OpenAI 官网日前宣布，该公司获得 66 亿美元的新一轮融资，投后估值也达到 1570 亿美元（约 1.1 万亿元人民币）。该公司表示，新的融资资金将使该公司能够加倍发挥其在前沿 AI 研究方面的领导地位，以“提高计算能力，并继续构建帮助人们解决难题的工具”。

据英国《金融时报》报道，兴盛资本在 OpenAI 本轮融资中提供了约 13 亿美元。其中，约 7.5 亿美元由兴盛资本自有资金投资，另外约 5.5 亿美元来自于兴盛资本合作伙伴的投资。该公司还表示，若 OpenAI 实现预期收入，明年还可获得 10 亿美元融资。

此外，作为 OpenAI 最大股东的微软公司，在此前已有 130 亿美元的投资基础上，再追加约 7.5 亿美元投资。而软银集团的投资规模在 5 亿美元左右。

除此之外，英伟达、富达、Khosla Ventures、阿联酋投资公司 MGX 等机构也是此轮投资的参与方，但并未有具体投资数额公布。

值得一提的是，此前多家外媒报道称，苹果公司也参与了此轮融资谈判，但最终并未参与投资。但目前，苹果公司已与 OpenAI 建立了合作关系，这也让苹果设备可以使用其提供的 AI 功能。

英国《金融时报》报道，OpenAI 还要求参与此轮融资的投资者不要支持竞争对手的初创公司，如马斯克的 xAI 等。

除了风险投资人的直接资金支持，OpenAI 随后还在官网宣布获得了多家银行 40 亿美元（约合人民币 280 亿元）的循环信贷额度，这也使该公司的总流动性资金超过 100 亿美元。

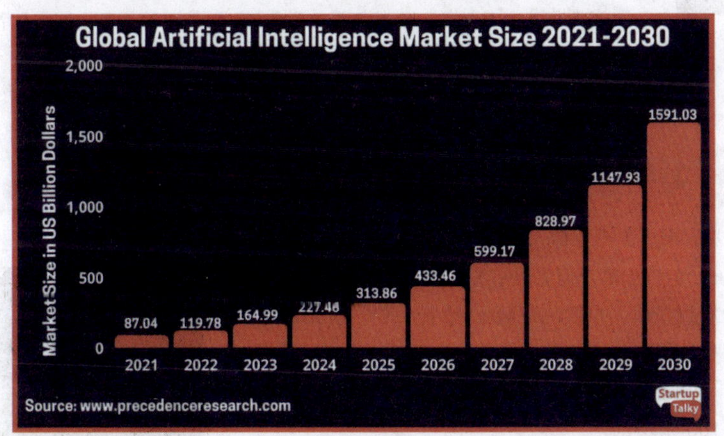

OpenAI 疯狂赚钱的背后是科技的力量，蕴藏着无数创业机会。下面让我们来看看普通人如何利用 ChatGPT 等 AI 工具实现创收：

1. AI 写作服务：利用 ChatGPT 生成高质量内容，提供写作、编辑、翻译等服务。

案例：Sarah，一位自由撰稿人，借助 AI 将月收入从 3000 美元提升到 15000 美元。

2. AI 营销顾问：运用 AI 工具优化营销策略，为中小企业提供数字营销服务。

案例：Michael，通过 AI 驱动的营销方案，帮助客户提升 300% 转化率，年收入突破 50 万美元。

3. AI 教育培训：开设 AI 应用课程，教授他人如何在工作中使用 AI 工具。

案例：Emma，推出“AI 赋能职场”在线课程，年收入超过 80 万美元。

4. AI 产品开发：基于现有 AI 模型开发特定领域的应用或插件。

案例：Alex，开发了一款 AI 驱动的简历优化工具，月活用户突破 10 万人次，实现年收入百万美元。

5. AI 咨询服务：为企业提供 AI 转型咨询，帮助传统企业拥抱 AI 技术。

案例：David，前 IT 工程师转型 AI 顾问，年收入达到 120 万美元。

当然，AI 创业之路并非一帆风顺。正如创新大师 Clayton Christensen 所说："创新的本质是把复杂的问题简单化。"在拥抱 AI 带来的机遇的同时，我们也需要直面以下挑战：

1. 技术门槛：如何快速掌握和应用最新的 AI 技术？

2. 市场竞争：在 AI 红海中如何找到自己的蓝海？

3. 法律风险：如何在利用 AI 的同时避免侵权问题？

4. 持续学习：面对飞速发展的 AI 技术，如何保持领先地位？

5. 商业模式：如何将 AI 技术转化为可持续的盈利模式？

面对这些挑战，我提出以下建议：

1. 专注细分市场：选择一个你熟悉的领域，深耕 AI 应用。
2. 持续学习：建立每日学习习惯，跟踪 AI 领域最新进展。
3. 网络建设：加入 AI 创业社群，与同行交流经验。
4. 快速迭代：采用精益创业方法，不断优化你的 AI 产品或服务。
5. 价值传递：始终聚焦于为客户创造实际价值，而不仅仅是炫技。

▶ 注：这种模式适合的行业：房地产、教育培训、金融行业、高科技公司等。

五、免费引流

有人气才会有财气。免费并不是不要钱，而是通过免费思维来做入口，延长利润链，赚取别人看不到的钱。

——王冲

案例　免费模式，烤鱼店每天人流爆满，生意火爆

有一家烤鱼店，开业至今大概有三个月，每天的客户量非常少，虽然发过一些传单、打广告等，但店里的人气始终得不到改善。

烤鱼店老板经过了解，自己的烤鱼是 78 元一份，鱼用的是草鱼，一般一份烤鱼的鱼在 2 斤左右，加上一些配料、小菜，成本大概在 25 元左右，但一般一桌客人消费都在 130 元至 180 元左右，烤鱼店的毛利润在 100 元以上。

没有模式，不开公司。这个时代所有企业的基础就是商业模式，产品和品牌已经是标配，模式才是刚需。一家企业起步在哪不重要，但是路线非常重要，从一开始就要做好企业的生涯规划。把该花钱的事情让别人去干，但是所有的钱进我的账，整合各种资源来打造一个系统盈利的生态。

这个老板就按照新的思路，开始整合各行各业的资源。他找到附近的美发店、蛋糕店、洗脚城跟他们合作，前期每个店先给 30 张免费的卡去测试，这个是免费提供给烤鱼店的。对于这些店来说，就相当于是拉赞助，帮助他们做促销，维护和客户的关系，他们是非常愿意的。

举例来说，由于您是我们的老客户，最近我们老板的一位朋友在附近开了一家鱼庄，我自己去吃了口味特别不错，于是我们老板在这家鱼庄团购了 30 张烤鱼卡，主要是想回馈我们的老客户，由于您是我们的老客户，所以今天送您一张，您持这张卡就可以到这家店免费吃烤鱼。用这种回馈客户的方式，对于各个合作商来讲可以帮助他更好地维护客户关系，同时也让客户觉得非常有价值，因为这个东西并不是什么人都可以得到的，只有是这家店的消费会员或者老客户才可以得到。

烤鱼店老板测试了 200 张卡，结果带来 90 个客户，基本上都

消费在 130 元至 180 元之间。这里不妨来算笔账：通过免费提供一些烤鱼卡，测试了 200 张卡，来了 90 人，110 人没有来，那 110 人不来是没有任何损失的，那 90 人来了，相当于有 90 桌客人，平均消费在 130 元至 180 元，减去一桌的烤鱼成本 25 元，基本有 105 元至 155 元的毛利，也就相当于这些店给这些客户优惠 25 元而已，也就是来 90 人，最少可以赚到 9000 多元。

如果让更多的人都来体验产品，只要卫生和口味没有问题，基本都有可能重复消费。通过这种方式，这家烤鱼店已经做到了从以前一天只有几桌生意到现在一天几十桌，每天人流爆满，生意火爆。

▶ 注：这种模式适合的行业：实体店、餐饮、家具厂、直播带货、美容美发、健康、保健、零售、批发、培训咨询。

六、项目运作

现金出资是各种出资形式中最直接、最简单、最粗暴、最靠谱的方式，合伙人以现金方式投资入股，老板就能收来滚滚现金。

——王冲

案例一 产品变项目，农产品有销路

齐总一直做着蔬菜、水果和土产的批发销售工作，还经营着一家农庄，农庄里面种植了小米、绿豆等杂粮，有几座山养着土猪、土鸡、土鸭，还种植了很多樱桃树、苹果树。虽然蔬菜、水果等农作物长势良好，收成也好，但经常滞销，齐总因此颇为焦心，不知如何是好？后来，在专业人士的建议下，他改变原来的经营模式，采取了两大招数，取得了不错的效果。

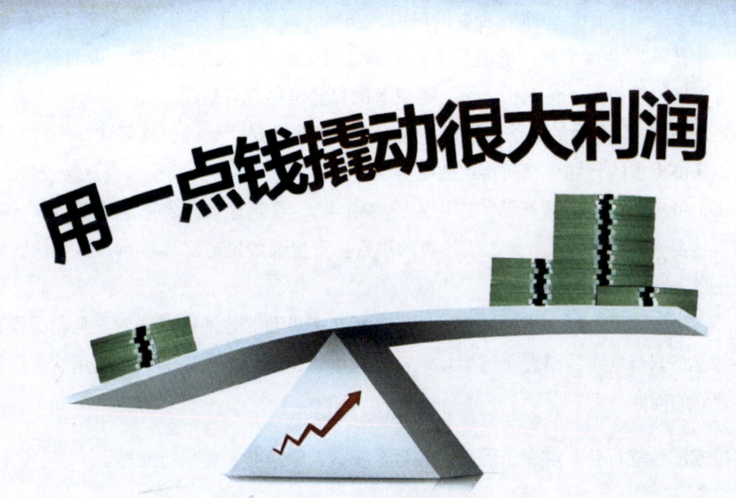

第一个招是从做产品到做项目。具体步骤是，第一步，投资 3 万元，认领一亩樱桃园土地；第二步，每年产出可自用可售卖，如果售卖，每年再返利 1.8 万元；第三步，使用期限 7 年，7 年后退回 3 万元成本；第四步，由当地银行进行资金托管。

第二个招是客户切割。具体步骤是，第一步，推出产品兑换卡，8888 元一张，将兑换卡作为礼品卡销售，客户可以将兑换卡送给领导上司、亲朋好友、合作伙伴；第二步，每月都可以收到土鸡、土鸭、鸡蛋、咸鸭

蛋、有机蔬菜、有机小米、杂粮、水果等礼包。

齐总还设计了会员方案，招收了 2700 个会员，卖出 6000 多张兑换卡，轻轻松松将农产品出售，并且不再为销路问题所困。

案例二 白酒变项目，现金流才是王道

白酒产业已经进入红海，尤其是在白酒行业竞争特别激烈的四川。白酒厂家多竞争大，白酒品牌的经销商日子也不好过。

王总就是某品牌白酒在三级市场的经销商，他遇到的最大困惑就是，感觉产品越卖库存越多，但钱并没有挣多少。而且，他所代理品牌的白酒厂家对于经销商的进货有要求，比如每个月要达到一定的进货量，有滞销产品也只能选择换货而不能退。这样一来，王总就很被动，大量现金被套牢，再加上近两年，消费者对白酒的需求也大大减退，王总举步维艰。

针对王总的情况，能从根本解决问题的方法就是从卖产品“转”为卖项目。或许，大家会有一个疑问，白酒是实实在在的产品，如何能够把这么一个实际产品卖成项目?

把白酒当作产品卖时，一瓶酱香型白酒 499 元，然后买一瓶酒，消费者对酒的评价就是好不好喝、有没有勾兑等。如果觉得不错，再来一瓶。

但是，现在我们要把“卖产品”转化为“卖项目”，怎么卖?

我卖给你 5980 元的两箱酒，不只是卖给你酒，还会有赠送，一是送你一个价值 5980 元的豪华按摩椅，二是送你价值 5980 马来西亚 4 天 3 夜的旅游。也就是说，你如果家里有按摩椅，你就可以选择马来西亚游。但不管你选择什么，你会发现买酒等于免费，所以这就不再是卖产品，也不是卖项目，而是卖方案了。

但是，我们要给王总的建议是卖项目，所以，我们需要以下几步操作：

第一步，我们把价值 499 元一瓶的酱香型白酒涨价到 1799 元一瓶。

第二步，消费者买了 1799 元一瓶的酱香型白酒，同时，赠送给消费者一张价值 1799 元的水果通兑卡。这张水果通兑卡一定是本市连锁水果店的通兑卡，能够让消费者随时去购买水果，并且通兑卡使用时间不限，可一次性消费也可以持续性消费。这就相当于，消费者的白酒是免费得到的。

第三步，再送消费者 10 万元的合伙人资格。这里需要注意的是，这种资格可能赋予持有者某些特权，如参与公司的决策、获得更多的分红、享有特定的服务或资源等，而 10 万元则是获得这种资格的入门费用。

满足以上三步，就成功地将“卖产品”转化为“卖项目”。看到这里，是不是就看明白一瓶价值 499 元的酱香型白酒如何就摇身一变成为 50 万元入门门槛的项目。更重要的是通过卖项目，能够快速回笼现金。做生意，现金流才是王道。

之后，我有一次出差到王总所在省会城市，他特意驱车来见我。我能够感觉到王总已经没有了上半年的苦恼和萎靡不振，他非常兴奋地跟我讲述了这半年来，他按照听课所总结出来的知识运用到实际操作中，从而顺利解决了自己所遇到的问题。

▶ 注：这种模式适合的行业：健康、保健、美容、农业、旅游业、食品行业等。

七、爆品打造

中国大部分行业进入拐点，从谁多谁少的“增量竞争”，到谁生谁死的“存量竞争”。广告卷不动、流量卷不动、关系卷不动、渠道卷不动、价格越卷越激烈……超级爆品能解决所有问题！

——王冲

案例　超级大单品小酥肉，流水突破10亿元

新希望集团推出的超级大单品小酥肉，2019 年销售额 1.4 亿元、2020 年 6 亿元、2021 年突破 10 亿元，进入 6 万 + 家餐饮门店；“6・18”“双十一”京东、天猫速食菜热卖榜、回购榜等品类第一，目前已经成长为预制菜界的现象级爆品。

以生转熟的单品类进入餐厅，帮助 B 端门店实现菜单的升级；通过品牌线上与线下联动，让产品在 c 端消费者中爆发增长。新希望小酥肉的百亿爆品逻辑中有诸多亮点值得参考和借鉴。

一是爆品选择。中国饮食博大精深，由于民族、地域和饮食习惯的不同，菜系也较复杂，如果只做宽产品，要考虑的因素复杂，供应链效益不高；但只追求做深又会痛失市场机会，因此，需要在深与宽中寻求机会是我们的方向。小酥肉在全国分布很广，是一个全民皆知的菜品，消费群体认知度高，企业的宣传成本低。并且这一食品可以实现工业化、标准化生产，通过品牌化运作很容易推广，所以可以快速崛起。

二是宣传渠道。央视美食纪录片向大众推荐了四川本土特色小吃——小酥肉，新希望借此机会进行了小酥肉品类从 0 到 1 的突破；通过四川的火锅赛道近些年的高速发展，新希望以小酥肉为核心，联合多个城市网红火锅、串串打造“地道四川味”套餐，在大众点评及门店进行上架售卖，让全国游客品尝来自四川的正宗味道，从而实现了对川派火锅连锁品牌前 100 名 100% 覆盖。

三是营销渠道。新希望将线下商场与线上电商互相配合，线下更多地解决消费者及时性购买，做场景下的消费体验；而线上电商，例如天猫、京东、拼多多等，更多地去做用户交互体验，通过网红主播带货，增加用户黏性。

▶ **注：这种模式适合的行业：实体店、餐饮、家具厂、房地产、直播带货、服装业、零售、批发、农业、旅游业等。**

八、模式裂变

无裂变不营销，无模式不商业。模式裂变、业务裂变、组织裂变、机制裂变，裂变是企业运营的“核武器”。

——王冲

案例一　朋友圈裂变，一场活动收入60万元

这是一家儿童艺术培训学校，占地面积 700 多平方米，运营项目包括儿童音乐、舞蹈、美术、跆拳道培

训等，几个项目结合在一起，基本上把儿童艺术类培训教育的板块都做了。其实，儿童教育培训这个市场是很大的，行业利润很高，以一个跆拳道馆为例，即使是很小的 80 平方米面积，只要请一个教练，每个月上 8 天班，就周六、周日经营的话，一年也能赚 30 万元左右。

这家儿童艺术培训学校开业时，通过包装免费的鱼饵，然后借助微信传播的方式，在 10 天左右的时间就成交了 2000 多位顾客，回收了 60 多万元现金。那么他们是如何操作的？

首先，包装一款鱼饵产品打造一款价值 1280 元至 2800 元“16 节艺术课时”，然后可以免费领取这 16 节艺术课时，有钢琴、吉他、架子鼓等 20 个热门特色专业，任意选择其中一个免费领取学习，这款鱼饵对于家长来说很有吸引力和诱惑力，所以你在操作时，学会参考案例中的包装打造方式。

然后，做一条微信链接，做朋友圈裂变传播。鱼饵打造好以后，如何传播吸引顾客进店呢？可以把这款鱼饵做一条微信链接或者互动链接，然后通过朋友圈推广宣传，那么发出去以后，肯定会有一批家长报名，家长报名时，需要添加店里的员工为微信好友，然后，要求报名的家长，把这条链接再转发到他的微信朋友圈，家长的朋友圈有人也想要的话，也会转发这条微信链接，这样就实现了一轮轮的微信传播，从而实现了吸引大量顾客进店的效果。

当然，这是主动要求顾客做的传播，还有的顾客也会自动传播。如果你报名成功了，你觉得这个非常好，你不仅会转发朋友圈，甚至你还会特意告诉身边也有孩子的朋友或者同事或者家长，告诉他们有这样一个免费学习的好消息。

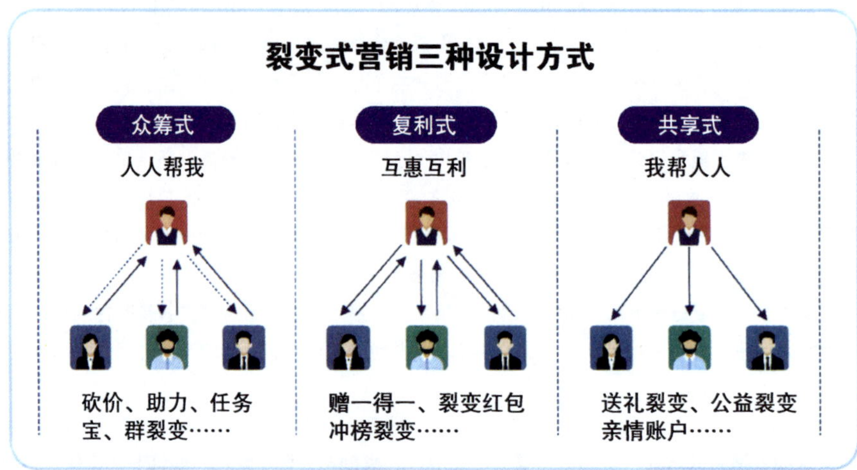

这样一来，这条链接最终会实现一传十、十传百地传播下去，到最后会有几万、十几万，甚至几十万人关注，如此大的关注量，就可以快速地打开知名度和影响力，而且还会有一定比例的顾客直接转化进店。

顾客在互动或者微信链接上报名以后，还需要来店里报名，这样才可以正式报名成功，顾客进店以后，想要免费学习这套课程，需要缴纳 300 元保证金，保证能够准时来上课，因为教室有限，还需要安排老师上课，这都是费用投入，如果报名以后不能按照要求来上课，就会导致座位空置，浪费老师的时间，还浪费了教室的资源。

所以，为了确保学生能够正常时间来上课，需要缴纳 300 元保证金。这个难度并不大，那么 2000 多人报名，一个人收 300 元保证金是多少钱？是 60 多万元，一个活动就收了 60 多万元，这只是保证金，未包含上完体验课学生转化成为年卡的费用。

案例二 “霸王餐”裂变，一月收入150万元

这家餐饮店是做牛肉火锅和烧烤的，有 3 层楼，32 张桌子。任何新开的店，都希望在当地快速打响知名度和影响力，同时又能快速收回成本，这几乎是所有开新店的老板首先想解决的问题。下面，分享这家餐饮店具体的餐饮策划方案。

第一步，包装一款鱼饵产品“霸王餐”。什么叫霸王餐？就是只要你来店里吃饭，不管你吃多少都免费，是不是夸张到不可思议。这个非常有吸引力和诱惑力，顾客有足够的转发动力。记住，吸引力和诱惑力永远是鱼饵包装、打造的第一前提条件。

第二步，打造一条微信链接，做朋友圈裂变传播。顾客如何才能够免费吃到霸王餐？条件很简单，只要把这条免费吃霸王餐的微信链接转发到朋友圈，连续转发 10 天，并且每天转发到朋友圈的链接不能删除，就可以免费来吃霸王餐了。因为鱼饵非常有吸引力和诱惑力，很多人会转发，最后疯狂到什么地步，这条链接在短短的 10 天左右，关注量就达到了 49 万 +。也就是说在短短的 10 天左右，有将近 50 万人关注了这家新店开业的消息，迅速火遍全城，爆炸式地打开了知名度和影响力。

第三步，利润环节巧妙布局想要免费吃霸王餐，除了需要连续转发 10 天微信链接到朋友圈这个条件以外，还有个前提条件，就是你吃多少钱，最后结账的时候，你就需要双倍充值多少钱，这样才能免单。比如，你当天消费了 200 元，就要充值 400 元，以此类推。

可能有朋友会有疑问，这样操作能收到这么多钱吗？现在粗略算一下，49 万人的关注量，一般操作微信裂变活动得到的数据反馈，转化率在 3% 至 6% 左右，按照最低 1% 的转化率计算，那就是 5000 人，5000 人就是 5000 桌，那么 5000 桌平均下来，一桌消费 200 元，就要充值 400 元。

5000 桌乘以 400 就是 200 万元，这 200 万元只是最低标准，收到的钱可能远远不止这个数。这里只是按照最低标准计算。做过餐饮的人都知道，餐饮的利润正常来说是“对半开”，像这类火锅的利润能够达到 60% 左右，我们就打个“对半开”，200 万元的充值，实际消费的金额就是 100 万元。当月的成本就是 50 万元，所以当月收到的钱就是 150 万元左右，这还是最低保守算出来的。

可能有很多没做过餐饮的朋友都有疑惑，那下个月这些来充值的人，会不会消费掉 150 万元里面很大一部分钱，其实这种担心是多余的。按照最差的情况计算，就是下个月来吃火锅的都是上个月充值的人，也就是说没有新顾客，那 150 万元充值金额对半算，还有 70 万元利润，这只是保守估计，一个月赚 70 多万元是不是也不少了。现实的情况是不会出现这种的，为什么？因为下个月来吃饭的人，不可能都是准时约好的，不可能都是充值的顾客，正常的情况下，肯定也会有很多其他没有参与这次充值活动的顾客过来消费，这样上个月充值的顾客就会和正常消费的顾客实现对冲。也就是说，正常消费的顾客所创造的利润会对冲掉上个月充值顾客进店消费的成本，如果做得好的话，第二个月，在对冲掉第一个月的充值成本后，还能赚钱的。这就好比一个蓄水池，这里边第一个月蓄了一部分水，第二个月，打开排水口排水，但是同时又有个水龙头往里面进水，只要进的水跟排的水一样多，这个蓄水池里边的水就不会少，如果进的水比排的水多，这个蓄水池里的水，还会上涨，相信做过生意的人都会明白这个道理。

所以，这位朋友第一个月收到这 150 万元现金，如果第二个月经营得好，都是净赚的，甚至比这个还要多，这里只是保守地计算。

▶注：这种模式适合的行业：实体店、餐饮、美容美发、宾馆、服装业、培训咨询等。

九、招商引爆

招商的本质是招钱，招商就是干离钱最近的事情，把货卖出去，把钱持续地收回来。招商就是卖产品渠道，卖系统，卖商机，卖赚钱的机会。

——王冲

案例一 复制+招商，小豆浆做成大生意

艾总是福建人，经营的生意是豆浆，这个豆浆的卖点是脱毒豆浆。据说生豆浆中含有多种有毒物质，如含有抗胰蛋白酶素，能影响蛋白质的消化，有的毒素会伤害胃黏膜，所以脱毒豆浆是针对豆浆产品的现状，解决了这个问题。

任何健康类的产品，教育市场的成本是非常高的，消费者对于豆浆是否脱毒没有很强烈的认知，所以走直接消费者路线，还是比较累的。艾总研究出来一种模式，效果非常好。这个方法就是：和餐厅谈合作，即把豆浆机和豆子免费送给餐厅，用脱毒豆浆的概念，1 扎豆浆 39 元推荐给食客。其中 20 元给餐厅，3 元给促销员，剩下 16 元归艾总公司。

这个模式的可取之处在于，豆浆机送给餐厅，很多没有提供扎装豆浆的餐厅，大部分是乐于接受的，给服务员 3 元一扎的提成，服务员在顾客点餐的时候，会推荐脱毒豆浆，产生了卖点，一扎 39 元，在中档以上餐厅，其实是不贵的，顾客也乐意买单。

餐厅不花一分钱，赚 20 元，利润率很可观，比卖椰奶，卖可乐雪碧的利润强多了。假如一天能卖 20 扎，就赚了 400 元。而且豆浆机是免费的，不用自己去买，放到后厨，豆子都是袋装的，都进行脱毒和清洗后干燥处理，直接加热水放到豆浆机里榨汁即可。剩下的 16 元里，就是艾总的毛利润，只有前期的一次性豆浆机的投入 1000 元左右，剩下的只有豆子的原材料成本。

艾总在福州大概选择了 50 多家餐厅合作，平均每家餐厅一天能销售 10 扎豆浆，一天就有 500 扎，每天的营业收入 8000 元，净利润非常可观。

一个好的商业模式，一定是可以复制 + 形成持久体系。自己掌管 50 家餐厅，需要牵涉不少的人力和精力，不可能大规模自己铺货送货发货。艾总又发展了招商模式，就是招城市合伙人：一次性从他这里购买几千元的豆浆机和脱毒豆子，他把整个营销话术和模式教给城市合伙人。城市合伙人可以去在本地城市找餐厅合作，选择自己精力忙得过来的餐厅数量合作，很容易就能月入几万元，这个模式非常容易操作。

艾总的盈利模式，是从原来的自己给餐厅铺设豆浆机和豆子，变成了卖豆浆机和卖豆子，虽然把大部分的利润让给了城市合伙人，但是他的销售额翻了好几倍，而且标准化操作，比以前轻松多了，以前需要经常去餐厅维护，去和餐厅的老板搞好关系，现在每天只需接单发货即可。后来艾总学习了实体店社群营销，把这些营销方式教给他的城市合伙人，他的城市合伙人把这些方法和他们合作的餐厅分享，因为有信任感，餐厅很有兴趣，所以他的城市合伙人免费帮助餐厅建立实体店顾客社群，把过来消费的顾客吸引到社群，推广这个豆浆的好处，销售豆浆机和豆子，利润仍然给餐厅大头，所以餐厅的积极性非常高，所以带来了更多的信心。

案例二 加盟招商，快速到手5000万元现金流

这里分享一个卖水的商业模式。这个水每一瓶的零售价高达 18 元，且仅有部分超市才能买到。这个水的生产商是中国某水务集团控股的一家分公司，而且这家分公司已经在美国上市了。下面来分析一下这个商业模式的厉害之处。

首先，加盟费 10 万元，送价值 10 万元的矿泉水。为什么加盟费是 10 万元，而不是一两万元？这个条件决定你是一个有钱的老板，如果一个普通的消费者，谁愿意拿 10 万元去帮你卖矿泉水？去加盟的老板身边的客户朋友也有很多是老板级别的。加盟者交 10 万元钱后拿到价值 10 万元的水后怎么办？按照设计模式，你只需把这个矿泉水免费送给你身边的朋友客户。

送这么贵的水，并非见人就送，而是要送给你身边有钱的人，对生活品质有要求的人。这个水是免费送的，其中赚钱的关键是，这个纸箱里面有一张会员卡，这个会员卡跟你的信息是绑定的。当客户觉得这个水好喝，并且喝完需要订水了，那么他只需要按照这个卡上面的电话联系总部去订水就可以了。卡上面还有一个编号，通过这个编号就知道是哪个加盟者的客户了。订水至少是半年起订，好的水也会喝上瘾的，一个人一天喝两瓶水不多，天气热点，如果是一家人喝的话，一箱一天都没有了。

大家要知道，他送水的这些客户都是有钱人，不要觉得不可能，人家敢设计这样的商业模式，一定是经过测试成功了的，不可能盲目地去干。下面我们来分析一下这个模式的每一方利害关系。

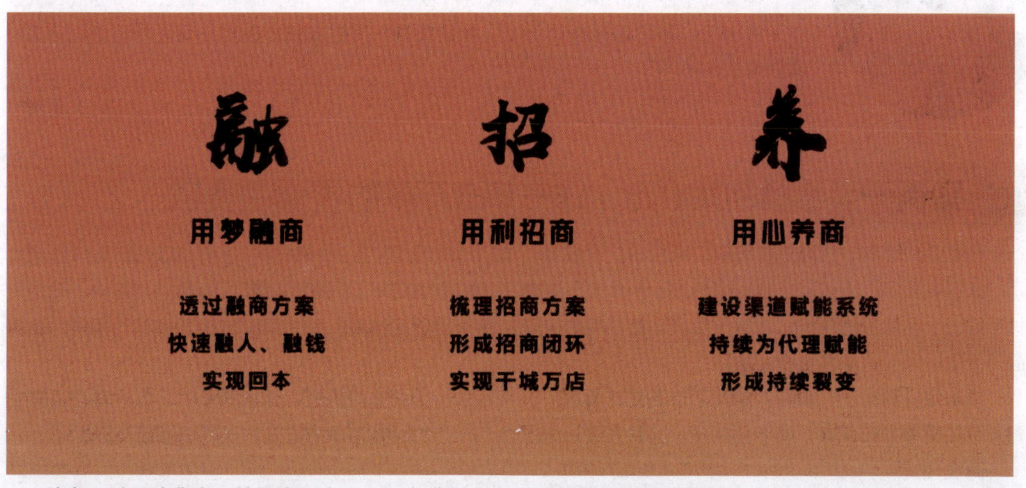

首先，对于消费者，就是拿到水的人，免费送的水，不花钱，而且是品质这么好的水，拿到水的人是不是还要感谢送水的人？对于加盟者，我送的都是一些有钱或者对生活品质要求高的人，我的目的就是让这些人继续喝我的水，当这些人订水的时候，那么我就有提成了。这个不用自己推销自己卖，而且就算这些人没有订购我的水，4 年后我的 10 万元钱一分不少地拿回来，我不亏，我还落得个人情。

有人说，10 万元钱存在银行或者投资别的项目也有钱赚，你 10 万元钱 4 年还是 10 万元，人民币贬值已经是亏了。那么我告诉你，一个有钱的老板对于 10 万元钱根本不值一提。还有一点，你投资别的项目你能保证不亏本？我 10 万元得了价值 10 万元的水，而且我还能拿回来 10 万元，更重要的是，如果有人持续订购这个水，我就会有源源不断的收入，而且是全自动的。这个对于加盟者来说是没有任何风险的，而且是稳赚不亏。

我们给运作这个项目的人算一笔账：按至少如果全国招商 500 个人，那么他手上就有 5000 万元的现金流，而且他有 4 年免息的利用时间。

他把这个钱拿去投资收益更高的金融产品或者项目，或者买股票等等。如果做得好，很少伙伴退出，那么这10万元钱就有更久的使用权；再说，有人退出，肯定也有人加入进来。做对于项目的人来说，他运作的不是产品，运作的是金融。有的人说，这个水要成本，怎么会有这么多现金流？大家要明白，这个水成本并不是很高，只是价格高。那么，当一个合作伙伴送出去价值10万元的水的时候，如果有人订购这个水一年或者半年，需要提前支付你这一年或者半年的钱。换句话说，你水还没有喝到就已经给钱了。单单这个，就已经够运转水的成本的钱了。

从这个卖水的商业模式中大家可以看到，赚大钱不在于你有什么样的产品，而是在于你有什么样的商业模式，如果你按照正常的渠道，去批发这个水然后去卖，那你永远都赚不了大钱。加盟者根本不用承担任何的风险，就可以获得全自动收入的赚钱机。对于运作项目的人来说，利用加盟者帮自己开发客户，利用加盟者的钱去投资项目，这就是人们常说的“借鸡生蛋”。

▶ 注：这种模式适合的行业：实体店、餐饮、家具厂、宾馆、服装业、健康、保健、建筑业、美容、媒体、出版、零售、批发、农业、旅游业、运输业、机械制造、培训咨询等。

十、合伙打天下

如果一年你能招100个合伙人，产值会增加一个亿，那现在什么都不要做，只干一件事儿，即疯狂地招合伙人，就能获得丰厚的回报。因为合伙人的力量比加盟商厉害100倍！

——王冲

案例一　交19000元，送一辆6万多的雪佛兰赛欧

杨总是代理商，代理进口奶粉、纸尿布、营养品，就在她刚刚生完宝宝的时候，之前离职的销售总监成立了一家销售公司，还带走了她两个最核心的员工，成为了她的竞争对手，同时品牌商认为她能力有限，于是砍掉了她三个品牌的代理权，这对于做代理商的杨总来说，简直是釜底抽薪，因为同时出现了员工、客户、品牌的三流失，当时的心境可想而知。

原本她打算孩子一满月，她就下市场去挽救客户，可后来一个偶然的机会，她接触了学习，才发现原来生意还可以换种方式来做，她十分惊讶，脑洞大开，于是换了一个和顾客沟通的方法，让她由被动变成主动。

商业模式

引流：免费送字画

截流1.改变交易顺序，不收款，只收押金

截流2.消费者变消费商

送汽车：交19000元，送一辆6万多的雪佛兰赛欧

下面解析引流：免费送字画，免费和名人合影做活动。

首先第1步要把人吸引到店里来。

俗话说店里都是人，干啥啥都行，店里没有人干啥啥不行。杨总选择了双十二做活动。同学们知道杨总要做活动，所以纷纷都把自己的人脉资源和客户资源调动起来。于是有同学就为杨总提供了特型演员及知名的书法家这些名人资源。活动当天凡是进店的客户可以免费和名人拍照合影留念，并且送名人字画、名人书法，就这一招名人引流，效果非常好，当天来到杨总店里的客户500多人。第1步引流是成功了，接下来怎么截流呢？

截流 1. 改变交易顺序，不收款，只收押金

你看中的商品，只要交商品销售价的押金，就可以把商品免费领走，一个月以后拿着小票过来，再送你一份同等价值的商品，就用这一招，当天的营业额翻了 70 倍。

其实杨总在做这个决定之前进行了激烈的思考，她想以前做活动往往都是买三送一，只有客户交了钱，买了产品才会送赠品，现在按照新的思路，利他纯粹的方式，要先把商品给到客户，让客户先拿走，于是就出现了交押金。就这一步打消了顾客的顾虑，比如说你要买 500 块钱的货，你只要交 500 块钱的押金就可以了，500 元的货你现在就可以拿走，一个月以后呢，你再拿着当时购物的小票，来到杨总的店里来，再拿走一套同样价位的产品，相当于给客户打了 5 折。

这样就会出现三种情况：

第 1 种情况，一个月以后小票丢了，小票丢了就不能领取了。

第 2 种情况，拿小票过来，本人领取了一份同等价值的产品，老板也不赔钱，但老板也没赚钱，老板赚的是资金沉淀。

第 3 种情况，到店里来领产品，还会购买一些其它她的母婴用品，这样老板就赚钱了。

截流 2. 消费者变消费商

做商业模式是把客户的价值挖掘出来，同时给他一个赚钱的机会，既是你的消费者，又是你的传播者。

杨总的政策是这样定的：消费者交 1000 元可以成为品牌合伙人，同时你的 1000 元可以在店里随意消费，而且还返你 1000 元现金，介绍过来的客户享受 10% 的分红。而且客户进店报你的名字，可以享受 88 折优惠。那这 1000 元现金怎么返呢？你需要给店里介绍三个品牌合伙人，就把这 1000 元现金还给你。这种方式等于把顾客变成了免费的业务员。

汽车：牢牢锁定员工，员工交 19000 元，送一台辆 6 万多的雪佛兰赛欧。

母婴用品店的业绩来源主要依靠导购销售。导购是门店销售的核心，老板往往会因为导购流失或者积极性不高，而愁眉苦脸。

杨总心想，要用一个什么样的方法，我不用来店里，他们也能够积极地工作呢？杨总发现她的员工来到店里上班，都是骑电动车或坐公交车，就是没有开汽车上班的。于是她大腿一拍，就这么办了！给员工送汽车。

大家想一想，员工开上汽车，多有面子和尊严啊，老板帮员工实现了梦想，他还会离开老板吗？人为财死，鸟为食亡。到一起就是分钱分名分利，只有成就员工，员工才能依赖你，离不开你，才会死心塌地的地跟你干，杨总就把这个事想明白了。

接下来如何通过汽车锁定员工牢牢给你干？员工只要交 19000 元，就送一辆 6 万的雪佛兰赛欧，车主是员工的名字，老板来给你还月供，三年以后月供还完。

这个月供怎么还呢？别忘了送车的目的就是：锁定员工，以及调动员工的积极性。

机制一，导购每月开发 10 个合伙人，一个合伙人，我们前面讲的是购买 1000 元，10 个合伙人相当于 1 万块钱的业绩，达到这个标准，老板给还月供。

机制二，每月超出 10 个合伙人，超出部分每个合伙人提 10%。

机制三，如果当月完成 20 个合伙人，提成 20% 分红。

机制四，如果完不成任务，本人本月需承担 1300 元的汽车分期款。其实杨总定的这些机制都是黄金分割线。杨总都已经计算过了，员工可以 100% 完成目标，所以不必担心员工自己还车贷。

最后一招造场造势：杨总不愧是经营高手，杨总懂得用场能的力量激发员工。送车的那天呢，给车戴上大红花，敲锣打鼓。所有人都知道杨总为员工送车，员工当天更是有面子，鲜花掌声红围巾，并且每个月业绩最淡的那一天，用一下午的时间停业，全体动员起航大会。兑现上个月的承诺，颁发冠军、亚军、季军奖，同时还邀请合伙人参加，让客户给员工颁奖，然后制定下一个月的目标，通过每月一次打鸡血，员工的状态和激情时刻点燃，门店生意越来越好。

今天讲的是在夹缝中求生存的经销商，通过顽强的毅力和聪慧的头脑，巧妙运用商业模式，实现了最后一公里门店盈利，然后让门店永远不缺客户，而她的商业模式里边，所运用的打乱交易顺序这一招，如果是做餐饮或者是做服装的，是不是也可以使用？裂变老客户挖掘背后的资源，这一招更是所有门店的通杀。还有充多少送多少，更是充卡的秘密武器。最后用了一招：送汽车，牢牢锁定员工，让老板彻底解放，有更多的时间去做自己喜欢的事情，以及思考企业的未来。

案例二　绑定银行、4S店，全年业绩突破2100万

有一个朋友，是烟台一家美容院的女老板，2015 年时生意很不好，没什么人气。为了抓取客户，她招聘了七八个业务员进行营销推广：门口发传单，出去揽客户，参加各种活动。劳心费力，一年的业绩只有 210 万元左右，但是就在 2020 年的年会上，美容院的全年业绩突破 2100 万元左右，奇怪的是在会场却看不到销售员的身影。其实，美容院采取了以下几个步骤。

第一步，美容院所有人员全部开掉，为的是节省成本。

第二步，把美容院产品线梳理清楚，留住最核心最好的产品（不超过 5 个，美容院产品很多，一般公司产品不要超过 3 个就可以了）。好产品就是好口碑，你永远记住，只要你有好产品就不怕没有好市场。

第三步，把公司定位清楚，是走高端路线，还是走低端路线，还是走白领路线（中端路线），其实股东就是她跟她爱人，第二天就把结果告诉我了，她说做高端，中低端产品全部都去掉。

第四步，好好思考一下，你所要寻找的高端客户有什么特征？他们聚集在哪里？她说就是有钱人，我说不明确，什么样的有钱人？她思索了说有好车、好房，高额存款的人都算高端客户，我说好，也就是说你想要的客户都在高端售楼处，高端汽车 4S 店，银行大额储户是吗？她说是。

最后一步，跟银行、4S 店合作，把你的产品送出去。切记：要送就送真金白银，把几千元上万元的产品送出去，你拿出一个产品，送给你想要的客户，她过来消费请问你产品怎么样？她自信满满说非常好，那如果 10 个人来用你的产品，她们既有消费能力，又有这个需求（没有需求他是不会来美容院的，就算白送她们也不会过来）你觉得能成交几个后端年卡？

好，那我再问你，如果 10 个潜在的消费者在你们店消费体验，按照你们过往的经验，你觉得你会成交几个后端？她说能成交 40%，我说好了，你算算你有多少利润？你 10 个客户，只要成交一个，你就可以把送出去的成本全部赚回来了，再多成交一个就是利润，请问你有多少利润？有人会问这些银行和 4S 店为什么会合作？银行为了能够让更多的客户去购买她们的理财产品会赠送大量的礼品，4S 店为了能够促成销售的成交也会赠送大量的礼品，以前都是按需要采购的，现在你出现了，免费提供，他们何乐而不为？

在这之后，她的店里每天都有 58 位高品质客户登门去体验服务，每天都会有 40% 的成交，而 2021 年我帮她设计一套追销方案，成交率可以提高到 62%。

▶注：这种模式适合于所有行业，即使利润很低的行业也不例外。